나라를 위해 헌신한 사람들

김유신

김영애 글 · 최경아 그림

훈민출판사

아주 오랜 옛날인 595년, 한 아기가 태어났어요.
아기의 등에는 일곱 개의 점이 북두칠성과 같은
무늬를 이루고 있었어요.
눈은 샛별처럼 초롱초롱 빛났으며,
목소리도 매우 우렁찼지요.
이 아기가 바로 훗날 삼국을 통일한 김유신이에요.
김유신은 어릴 때부터 말타기를 좋아했어요.
그 날도 김유신은 망아지에 올라탄 채 겁도 없이
이리저리 달리고 있었지요.
"도련님, 빨리 돌아오세요. 위험해요!"
늙은 하인이 걱정스러운 얼굴로 소리쳤어요.
"걱정 말아요. 이 정도는 잘 할 수 있으니까."
신이 난 김유신은 더 빠르게 달렸답니다.

*삼국 : 고구려, 백제, 신라를 말해요.

김유신은 또한 사냥을 매우 좋아했어요.
그래서 틈만 나면 사냥을 하곤 했지요.
그러던 어느 날, 아버지 서현 장군이 불렀어요.
"유신아, 요즈음 네가 짐승을 닥치는 대로 잡는다는데,
그게 정말이냐?"
"네, 아버님. 오늘도 산토끼를 두 마리나 잡았습니다."
김유신은 어깨를 으쓱거리며 말했답니다.
"도대체 왜 짐승들을 잡느냐?"
"활쏘기 연습을 하느라고 그랬습니다."
아버지는 고개를 내저으며 말했어요.
"짐승이든 사람이든 목숨은
아주 귀한 거란다.
앞으로 함부로 죽이지
말아라. 알겠느냐?"
아버지는 김유신을
크게 꾸짖었어요.

어느 날, 김유신은 또 사냥을 하러 나갔어요.
"앗, 저기 노루가 나타났다!"
김유신은 한 번에 노루를 쓰러뜨렸어요.
"맞았다!"
하인은 기뻐서 노루를 가지러 뛰어갔어요.
그런데 이상하게도 쓰러져 있던 노루가
갑자기 벌떡 일어나는 것이 아니겠어요?
"어, 노루가 살아 있잖아?
분명히 화살에 맞는 걸 보았는데……."
그러자 김유신은 빙그레 웃으며 말했어요.
"나는 노루를 맞히려고만 했지, 죽이려고 하지는 않았어!"
사실 김유신은 일부러 촉 없는 화살을 쏘았던 거예요.

*촉 : 화살 끝에 박힌 뾰족한 쇠를 말해요.

어느덧 김유신은 열네 살이 되었어요.
무술 솜씨가 뛰어났던 김유신은 화랑이 되어 산과 강을
다니며 몸과 마음을 닦았어요.
화랑으로 뽑힌 젊은이들은 지켜야 할 다섯 가지를 큰 소리로
맹세했어요.
"첫째, 나라에 충성한다!"
"둘째, 부모님을 잘 섬긴다!"
"셋째, 믿음으로 친구를 사귄다!"
"넷째, 싸움터에 나가면 물러서지 않는다!"
"다섯째, 살아 있는 것을 함부로 죽이지 않는다!"
그 당시 우리 나라는 고구려, 백제, 신라로
나누어져 있었어요. 그래서 싸움이 끊이질
않았답니다. 서로 나라를 통일하려고 했기
때문이에요.

*화랑 : 신라의 젊은이들 중에서도 가장 뛰어난 사람들이 나라를 위해 모인 거예요.

아지랑이가 아른거리는 어느 따뜻한 봄날,
김유신은 친구들과 꽃 구경을 나섰어요.
그들은 말을 타고 산을 오르기도 하고, 숲 속을 누비며
다니기도 했지요.
저녁 무렵, 한 친구가 김유신에게 말했어요.
"저 황금빛 노을을 보니 술 생각이 나는데?"
"좋아. 그럼, 우리 술맛 좀 보러 가자."
"천관이라는 아가씨가 있는, 그 술집으로 가는 게 어때?"
"그럴까? 그럼, 구경 삼아 한번 가 보자."
김유신은 친구들과 술을 마시며 흥겹게 놀았어요.
그 날 이후, 김유신은 자주 이 술집을 찾았어요.
천관도 김유신의 남자다운 모습에 끌려
반갑게 맞이하곤 했답니다.

마침내 이 소문이 어머니의 귀에까지 들어갔어요.
어느 날 밤, 어머니는 김유신을 불렀어요.
"요즘 천관이란 여자가 있는 술집을
자주 드나든다는데, 그게 사실이냐?"
어머니는 무서운 얼굴로 야단쳤어요.

"어머니, 천관이라는 여자는 보통 기생과는 다릅니다."
"너는 아직도 내가 무슨 말을 하는지 모르는구나."
"네? 무슨 말씀이신지······."
"너는 장차 이 나라를 위해 큰 일을 할 사람이다.
여자에게 마음이 팔려 술집에 드나들면
마음의 자세가 흐트러지지 않겠느냐?"
김유신은 고개를 숙인 채 아무 말도 못 했어요.
"어머니, 다시는 천관을 만나지 않겠습니다."

어느 날, 김유신은 잔칫집에 가서 밤 늦도록 술을 마셨답니다. 김유신은 집으로 돌아오는 길에 말 위에서 꾸벅꾸벅 졸았어요.
얼마나 지났을까요?
말이 걸음을 멈추고 소리 높여 울었어요.
눈을 떠 보니 뜻밖에도 천관의 술집 앞이었어요.

"어허, 이게 어찌 된 일인가?
졸고 있는 사이에 말이 제 맘대로 여길 왔구나!"
그 때, 말 울음소리를 듣고 천관이 뛰어나왔어요.
그러나 김유신은 천관을 못 본 척했어요.
"네놈이 나의 결심을 깨뜨렸구나!"
김유신은 눈물을 머금고 자신이 아끼던
말의 목을 단칼에 베어 버렸답니다.

큰 꿈을 키우던 김유신은 어느덧 열일곱 살의 나이로
화랑 중에서 최고 우두머리인 국선이 되었어요.
'어떻게 해서든지 삼국을 통일해야 하는데…….'
김유신은 이런 자기의 생각을 화랑들에게 전했어요.
"우리 신라는 반드시 이 땅의 주인이 되어야 한다.
그 날을 위해 열심히 무예를 닦자. 모두 알겠느냐?"
"네!"
화랑들의 우렁찬 목소리가 산 속을 메아리쳤어요.
다음 날, 김유신은 혼자 산에 올라가 허리에 차고 있던
칼을 뽑아 들고 맹세했어요.
"백제와 고구려를 쳐부수고 기필코 삼국 통일을 이룩할 것이다!"

'삼국을 통일하려면 무엇보다 힘을 길러야 해. 힘을!'
김유신은 수많은 화랑을 길러 내어 나라의 힘을 튼튼히 하는 데 온 힘을 쏟았어요.
그 무렵, 고구려는 자기들끼리 싸우느라 나라 밖의 일에는 별로 신경을 쓰지 못했지요.
'마침 잘 되었다! 그 동안 고구려는 여러 차례 우리 땅을 빼앗아 갔지 않은가! 지금 우리가 쳐들어가면 분명 손쉽게 고구려를 이길 수 있을 것이다.'
마침내 신라는 군대를 이끌고 고구려를 쳐들어갔어요.
그런데 신라는 생각했던 것처럼 쉽게 고구려를 이기지 못했답니다.

시간이 지날수록 신라의 군대는
고구려 군사에게 계속 밀리게 되었어요.
고구려 군사들이 너무 많았기 때문이에요.
이를 안타깝게 지켜 보던 김유신이 나섰어요.
"싸움에 나가서는 물러서지 않는 것이 화랑의 도리라고
배웠습니다. 제가 나가 반드시 이기고 돌아오겠습니다."
"좋소! 한번 나서 보시오!"
김유신은 대장군의 허락이 떨어지기가
무섭게 말 위에 올라탔어요.
"이놈들아! 내가 간다!"
김유신은 칼을 빼어 적을 향해
똑바로 겨누면서 바람같이 말을 달렸어요.

김유신은 적들 앞에 나서서 외쳤어요.
"고구려엔 이 김유신과 맞설 장수가 없느냐? 있거든
어서 나오너라! 일 대 일로 승부를 가리자!"
그러자 고구려의 장수가 말을 타고 달려왔어요.
"이 버릇없는 놈아, 내가 상대해 주마!"
김유신도 마주 달려가며 소리쳤어요.
"좋다! 덤벼라!"
싸움은 오래오래 계속되었어요.
칼과 칼이 부딪칠 때마다 불꽃이 튀었지요.
한순간 김유신의 칼에 적의 목이 떨어졌어요.
"아앗!"
그 일로 신라군은 큰 승리를 거두게 되었답니다.

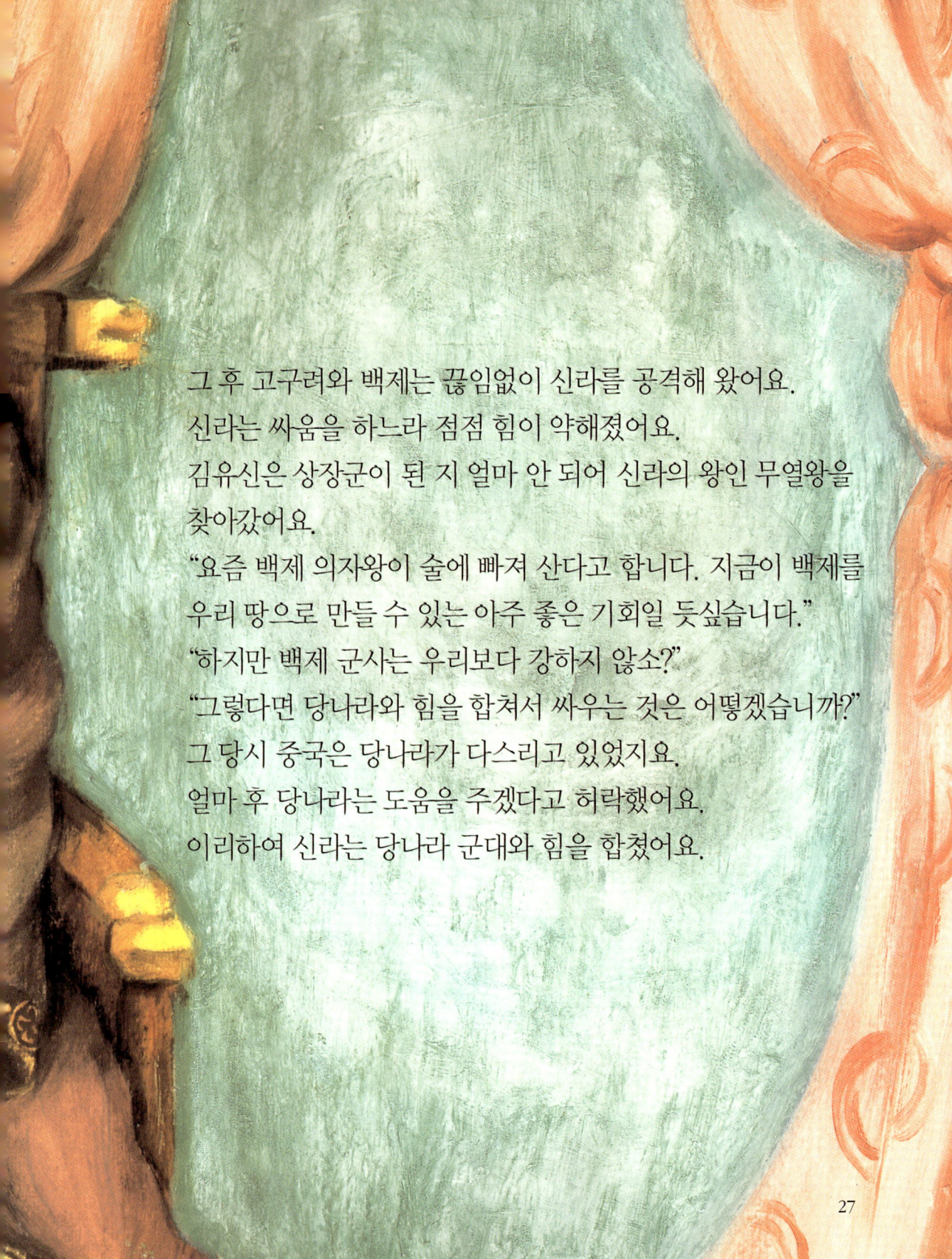

그 후 고구려와 백제는 끊임없이 신라를 공격해 왔어요.
신라는 싸움을 하느라 점점 힘이 약해졌어요.
김유신은 상장군이 된 지 얼마 안 되어 신라의 왕인 무열왕을 찾아갔어요.
"요즘 백제 의자왕이 술에 빠져 산다고 합니다. 지금이 백제를 우리 땅으로 만들 수 있는 아주 좋은 기회일 듯싶습니다."
"하지만 백제 군사는 우리보다 강하지 않소?"
"그렇다면 당나라와 힘을 합쳐서 싸우는 것은 어떻겠습니까?"
그 당시 중국은 당나라가 다스리고 있었지요.
얼마 후 당나라는 도움을 주겠다고 허락했어요.
이리하여 신라는 당나라 군대와 힘을 합쳤어요.

"우리 군대는 백제의 서울 사비성으로 쳐들어가고, 당나라 군대는 바다로 배를 타고 곧장 백제로 쳐들어가면 순식간에 백제를 무너뜨릴 수가 있을 것이다."
마침내 신라와 백제와의 싸움이 벌어졌어요.
김유신은 신라 군사를 이끌고 나섰지요.
갑작스러운 공격에 백제는 허둥거렸답니다.

*사비성 : 지금의 부여예요.

계백 장군이 황산벌에서 용감하게 싸웠으나, 결국 백제는
힘없이 멸망하고 말았답니다. 남은 것은 이제 고구려뿐이었지요.
마침 고구려는 연개소문의 아들들이 세력 다툼을 벌이느라
나라를 돌보지 않았어요.
"드디어 때가 왔구나!"
김유신은 그토록 바라던 삼국 통일의 꿈이 눈앞에
다가왔음을 느꼈어요.

김유신은 고구려로 쳐들어가서 성을 에워싸고 크게 외쳤어요.
"목숨이 아깝거든 항복하라!
그렇지 않으면 죽음을 면치 못할 것이다!"
신라의 군대는 쉬지 않고 화살을 쏘아 대며
고구려 성 안으로 힘차게 쳐들어갔어요.
668년, 마침내 고구려도 항복하고 말았답니다.
"드디어 신라가 삼국을 통일시켰구나!"
김유신의 눈에 기쁨의 눈물이 흘러내렸어요.
그러나 싸움은 끝나지 않았어요.
이번에는 당나라가 신라를 넘보며 괴롭혔어요.
하지만 김유신은 신라가 당나라를 물리치는 것을
보지 못하고 세상을 떠나고 말았지요.
평생 삼국 통일을 위해 애썼던 김유신!
그의 이름은 역사의 큰 별로 떠 있답니다.

김유신의 발자취

(595~673년)

595년	신라 만노군에서 태어남
609년	화랑에 뽑힘
644년	상장군이 되어 백제 7성을 빼앗음
648년	백제의 대야성을 빼앗음
654년	김춘추를 왕으로 세움
660년	당나라와 힘을 합쳐 백제를 멸망시킴
668년	신라 최초 최고의 벼슬인 태대각간이 됨
673년	세상을 떠남

▲ 김유신 장군 동상

▲ 김유신이 이끈 신라군과 계백이 이끈 백제군의 치열한 전투가 벌어진 황산벌 싸움 (민족 기록화)

▲ 신라의 화랑 정신을 기리고 본받기 위해 지은 '화랑의 집'

▲ 화랑이 지켜야 할 다섯 가지(세속 오계)를 가르치는 원광 법사

김유신의 묘 ▶

나라를 위해 헌신한 사람들
김유신

삼국 통일에 크게 이바지한 신라의 '화랑도'

화랑도는 신라 시대에 있었던 청소년 수양 단체로, 국선도, 풍월도, 풍류도라 부르기도 하지요. 신라 진흥왕 때 정식으로 만들어진 화랑도는 화랑 1명, 승려 1명, 그리고 여러 명의 낭도로 구성되어 있답니다. 신라 시대를 통틀어 화랑은 200여 명에 달했다고 해요. 화랑도에 들어가면 보통 3년여 동안의 수련 기간을 보내야 했어요. 보통 때는 유명한 산과 큰 강을 돌아다니며 몸과 마음을 닦고 음악을 즐겼지요. 또한 무술을 익혀 튼튼한 몸을 기르는 데에도 힘썼답니다.

화랑들은 나라에 충성하고, 부모님께 효도하며, 믿음으로 친구를 사귀는 등 화랑도의 정신을 기르는 데에도 온힘을 다했지요. 그러다가 전쟁이 일어나면 전쟁터에 나가 목숨을 바쳐 싸웠어요. 그래서 화랑도는 신라의 삼국 통일에 큰 역할을 했지요. 그 후 신라의 멸망과 함께 화랑도 사라졌어요. 그러나 그 정신은 우리 민족에게 그대로 이어져 나라가 어려움에 처했을 때 애국 정신으로 나타나고 있답니다.